ADDITION

Au Mémoire historique & patriotique de M. GAUTHIER D'AUTEVILLE, ancien Prévôt Général de Maréchaussée, dédié aux Etats-Généraux, & au Conseil de la Guerre, & présenté à leurs Majestés & à la Famille Royale, le 30 mars 1789.

ADDITION

Au Mémoire historique & patriotique de M. GAUTHIER D'AUTEVILLE, ancien Prévôt Général de Maréchaussée, dédié aux Etats-Généraux & au Conseil de la Guerre, & présenté à leurs Majestés & à la Famille Royale, le 30 mars 1789.

Un des malheurs attachés aux opprimés, lorsqu'ils découvrent l'injustice des persécutions qu'ils ont éprouvées, c'est l'acharnement de leurs ennemis à étendre, à perpétuer leurs calomnies; ils ont l'art de faire un crime, des actions les plus innocentes, des motifs les plus purs.

J'ai publié un Mémoire justificatif de ma conduite. Ce Mémoire avoit deux objets; le premier, de prouver que l'on n'avoit aucun reproche à me faire, que je n'avois perdu ma place, *que par l'animosité du sieur Sevin* (a), *qui avoit vu avec douleur que l'on m'avoit accordé la Prévôté de la Rochelle, dont il vouloit disposer en faveur du sieur*

(a) Fils d'un Vigneron de Trielle.

Riol, qui avoit donné au sieur Merville (*b*), son agent, une somme de 30000 livres (*voyez mon Mémoire, pages 6 & 7*).

Le second, de donner à l'Assemblée des Etats-Généraux des lumières bien importantes sur le service que l'on pouvoit tirer des Maréchauffées, & sur l'économie qu'elles procureroient, en les employant à prévenir les contrebandes, à faire les recettes, à verser les fonds dans les caisses publiques, à entretenir une correspondance nécessaire entre toutes les Administrations Provinciales, à déraciner le vol, à prévenir les émigrations, la mendicité, & à surveiller l'existence de ces malheureux enfans qui ont reçu le jour de la misère ou de la débauche, & en faveur desquels j'ai conçu un plan d'éducation, qui sera, je l'espère, adopté par les Etats-Généraux, lorsque les circonstances m'auront permis de le leur présenter.

Pour rendre ce Mémoire plus susceptible de l'attention des Représentans de la Nation, je le leur ai dédié, ainsi qu'au Conseil de la Guerre; mes ennemis, au lieu de s'attacher à réfuter ce que j'avois avancé pour ma justification, ou d'essayer de prouver que j'avois mérité de perdre mon Emploi par quelques négligences, ou que je les avois calomniés, *se sont bornés à critiquer le titre*

(*b*) Fils d'un Vigneron de Nancy, connu par ses escroqueries à Lunéville, &c. &c.

de mon Mémoire. Puisqu'il s'adresse, ont-ils dit, aux Etats-Généraux, c'est aux Etats-Généraux à lui rendre justice ; il verra s'ils lui accorderont la Croix de S. Louis, qu'il demande, les 24833 livres qu'il réclame, & son remplacement.

Un pareil raisonnement est fait pour soulever d'indignation un homme honnête. *Lâches ennemis*, puisque vous vous arrêtez au titre de mon Mémoire, lisez le donc au moins ce titre tout entier, & vous verrez que le Mémoire est adressé aussi au Conseil de la Guerre ; que c'est à ce Conseil présidé par un Ministre qui en a été membre, que je demande, *pages 39, 40, 41, 42, 43, 44*, la juste récompense de mes services, & la restitution des sommes que l'on a retranchées de mes appointemens & gratifications, *par les ordres arbitraires d'un premier Commis*, qui n'a pas craint de contrarier les équitables intentions du Roi & de son Ministre.

Malheureusement, *la haine une fois établie dans un Bureau contre quelqu'un, y est héréditaire ; elle passe d'un Chef à l'autre*. C'est ce que je n'éprouve que trop de la part du sieur S. Paul. C'est lui qui a suggéré cette réponse, que je n'avois pas vingt-huit ans de service, pour avoir la Croix de S. Louis, quoiqu'il n'ignore pas que j'ai la commission de Lieutenant-Colonel (*voyez mon Mémoire, page 59*), & qu'il ne me faille par conséquent que vingt ans de service pour obtenir cette décoration.

C'est encore lui qui m'a exposé au désagrément d'entendre le Ministre me dire, dans une Audience publique, & en présence d'une nombreuse Assemblée, *que j'avois été destitué de mon Emploi*, tandis que je ne l'avois perdu, *que par une suite des prévarications & des exactions du sieur Sevin son ami*, & par le refus de me laisser passer de Corse en France, pour venir rendre compte des oppressions, des violences & des injustices que l'on me faisoit éprouver.

Je suis bien éloigné de conserver le moindre ressentiment contre le Ministre qui m'a adressé un discours dont j'ai d'abord été si affecté; sa bonté a fermé ma blessure, & j'ai reconnu toute la générosité, toute la franchise de son ame, dans le désaveu qu'il a fait d'une pareille injure, en présence de son frère, &c.

Si je n'ai pas encore obtenu de lui ce que je desire, c'est parce que ses occupations multipliées ne lui ont pas permis, sans doute, de lire mon Mémoire ; peut-être même mes ennemis ont-ils trouvé le moyen de le dérober à ses regards.

D'après la demande que je lui ai faite de s'éclairer sur ma conduite & sur la justice de mes réclamations, par un Conseil de Guerre, il m'a adressé à deux Officiers Généraux ; mais ni l'un ni l'autre n'ayant une commiſſion ſpéciale pour me juger, ils ne veulent pas ſe compromettre par une déciſion qui leur attireroit la vengeance de mes perſécuteurs. Je ſuis donc réduit à ſupplier de nouveau le Miniſtre, ou de m'accorder le Conſeil de Guerre que je lui ai demandé, ou de vouloir être lui ſeul mon Juge, en conſacrant quelques inſtans à remplir à mon égard un acte de juſtice.

Il verra par les pièces que je lui produirai, 1°. que je n'ai jamais eu l'intention de quitter l'Emploi que j'avois en Corſe, que je n'ai ceſſé de demander la viſite de l'Inſpecteur, que ne pouvant l'obtenir, il étoit indiſpenſable que je reviſſſe en France pour dénoncer tous les abus qui ſe commettoient par les ordres de mes perſécuteurs, & faire rétablir la diſcipline dans la troupe que je commandois; & que la demande que j'ai faite qu'il fût diſpoſé de mon Emploi, ſi l'on perſiſtoit à me refuſer le congé que je ſollicitois, ne peut être aſſimilée à une démiſſion, qui, pour être réelle, doit être volontaire; or j'ai toujours été bien éloigné de vouloir quitter mon Emploi, je n'ai jamais eu d'autre volonté que celle de le remplir conformément aux Ordonnances & aux règles de la juſtice.

Il verra qu'à peine arrivé dans le premier Port de France, j'ai proteſté contre l'acte de violence exercé contre moi; que j'ai encore écrit au Miniftre, pour protefter contre la retraite qu'il m'avoit accordée, & à quel âge, à 35 ans, ce qui eft une contravention manifefte aux Ordonnances.

Je lui prouverai que cette retraite de douze cents livres, fur laquelle j'éprouve une retenue *d'un dixième & demi*, fuffit à peine pour acquitter la rente des fommes que j'ai empruntées pour payer mes provifions, mes réceptions aux places que j'ai occupées, pour fupporter les retenues vexatoires que j'ai effuyées, & pour fournir aux frais dans lefquels mes déplacemens & mes réclamations m'ont conftitué.

Il verra que me regardant toujours lié au fervice de la Maréchauffée, en vertu de l'Ordonnance du Tribunal (*voyez mon Mémoire, page* 16), je n'ai ceffé de m'occuper de ce qui étoit relatif à la perfection de fon régime. Qu'en conféquence des plans que j'ai donnés au Gouvernement, le principal Miniftre, au mois d'octobre 1787, m'a fait venir du fond de ma Province, pour lui fournir de plus grands développemens; & que fi j'euffe été admis à les difcuter, le Gouvernement, en adoptant mes projets, auroit pu prévenir tous les troubles, tous les défordres qui ont jeté l'alarme dans toutes les Provinces.

Je lui prouverai que le fieur S. Paul, après avoir tiré de moi le réfultat d'un long travail, a fait tout ce qui a dépendu de lui pour me fermer tout accès auprès des Ministres, & me ravir la récompense qui m'avoit été promise, & l'indemnité qui m'étoit dûe (*voyez mon Mémoire, page 43, art. III*).

Il reconnoîtra que M. de Guibert & le sieur S. Paul se sont rendus coupables à mon égard d'un plagiat honteux, en s'emparant de mes projets de réforme dans le corps de la Maréchaussée, & qu'il seroit d'une injustice révoltante que je n'en eusse, ni le prix, ni l'honneur.

Il reconnoîtra enfin que ce seroit préjudicier au bien de l'Etat, & détruire l'émulation dans le service, que de me laisser pour exemple à ceux qui seroient tentés d'élever la voix contre les abus & les prévarications qui se commettent dans les Bureaux, sur-tout après le renvoi du sieur Sevin, renvoi auquel j'ai contribué, en dénonçant ses prévarications & ses exactions attestées par une fortune de 25000 livres de rentes, qu'il a amassée dans le temps qu'il a été premier Commis, fortune à laquelle encore l'on a ajouté 15000 *livres de pension*, & *la Croix de S. Louis* (*voyez mon Mémoire, page 18, art. III*), afin de donner de l'émulation à son successeur, &c. &c.

Après s'être convaincu de ces vérités, j'espère de la justice du Ministre, que, si la situation actuelle des Finances ne permet pas au Département de la Guerre, de me faire délivrer une Ordonnance du montant de la somme que je répète à un titre évident, il voudra bien au moins me la faire constituer en pension ou rente viagère, pour me mettre à même d'acquitter les engagemens que j'ai contractés sur la foi d'une créance aussi légitime ; *si mieux il n'aime ordonner que la pension dont le sieur Sevin jouit, lui sera retenue jusqu'à final payement de la somme que je réclame, & de ses intérêts,* à courir depuis l'époque des retenues qu'il m'a faites.

Mais ce n'est pas à cela seulement que se bornent mes desirs ; le plus ardent de tous, c'est de continuer mes services. Le zèle & l'exactitude avec lesquels j'ai rempli mes Emplois de Lieutenant & de Prévôt-Général de la Maréchaussée, à Bayonne, à la Rochelle & en Corse, les Mémoires que j'ai fournis sur cette grande partie de l'Administration, me donnent de justes droits aux places qui peuvent y vaquer, ou qui doivent être créées d'après le prochain réglement ; & j'ose supplier le Ministre de ne prendre conseil à cet égard que de sa justice.

Développement de mon plan.

Qu'il me soit encore permis de rapporter les bases de mon plan de réforme; je l'ai composé d'après ces principes.

La population de la France est d'environ 24,123,000 ames. Sa surface est de 27000 lieues carrées, déduction faite des rivières, lacs, & montagnes inhabitées. En portant la Maréchaussée à 16625 hommes, y compris les Officiers de Robe, cet établissement ne comprendra que la quatorze-cent-cinquante-unième partie de cette population. En supposant pour un instant qu'elle fût par-tout la même, chaque Division se trouveroit avoir inspection sur 1,507,679 ames, sur une surface de 1687 lieues carrées; les Compagnies sur-veilleroient 150767 ames, sur une surface de 160 lieues; chacune des Subdivisions inspecteroit 5025 ames, sur une surface de 5 lieues & demi carrées.

En distrayant la population des Villes & le terrein de leur Banlieue, qui l'un & l'autre resteroient à la garde de treize & vingt hommes, en raison de leur étendue, là où les Capitaines feroient leur résidence, & de quatre dans celles des Brigadiers, la population des Subdivisions se trouveroit réduite à environ 2000 ames, sur un terrein d'environ quatre lieues carrées.

Pour inspirer aux hommes qui doivent composer ce Corps, le degré d'intelligence, de courage & d'activité nécessaire, je fais sentir la nécessité de n'élever les Fantassins au grade de Cavalier, qu'après qu'ils auroient découvert ou arrêté un certain nombre de coupables.

Je propose, dans mon Mémoire, d'établir à Paris le dépôt des Surnuméraires, parce qu'il est essentiel que les remplacemens qui seroient faits dans les résidences de Provinces, le soient d'hommes formés à découvrir le coupable, sous quelqu'abri ou déguisement qu'il puisse chercher à se souftraire aux recherches de la Maréchaussée ; l'expérience ne m'a que trop prouvé que les Cavaliers pris en fortant des Régimens étoient d'abord peu propres à ce service.

Si l'on vouloit porter la Maréchaussée à 21585 hommes, la dépense de ce Corps s'éleveroit à environ treize millions ; mais en reculant les barrières à la frontière, & en confiant aux Administrations Provinciales l'administration absolue de leur Province, ce Corps suppléeroit à toute la Milice de la Ferme, aux Gardes des Forêts du Roi, & feroit tout le service des Administrations Provinciales. En y fondant, comme je le dis dans mon Mémoire, page 29 (*voyez ce Mémoire*), on trouveroit dans l'économie de ces suppressions de quoi fournir, & bien au-delà, à la dépense qu'entraîneroit la nouvelle constitution de la Maréchaussée. Les avantages qu'en retireroit l'Etat seroient inappréciables, puisqu'on seroit assuré, 1°. d'avoir un état exact des récoltes dans toute l'étendue du Royaume ; 2°. de le purger de tous les délits intérieurs, & de les arrêter jusque dans leur source ; 3°. de mettre en économie tous les frais de perception actuels, & de ne plus voir l'homme insolvable mis à la mendicité par les frais que lui font, aujourd'hui, les Fermiers du Roi, &c. &c. &c.

Je borne à ce peu de mots le développement de mon plan, quant à ce qui concerne sa formation, sa distribution, parce que je l'ai présenté plus au long dans mon Mémoire ; mais on peut juger par ce simple apperçu, de ce qu'il m'a coûté de recherches & de calculs. La partie du service est de toutes la plus importante ; je serai toujours à temps de la mettre en parallele avec celle qui a été rédigée par ceux que l'on a chargé du travail des Maréchaussées, & dont les idées se sont traînées imparfaitement sur les miennes. Au surplus, les premiers plans que j'avois conçus & communiqués, étoient relatifs au temps où ils m'ont été demandés ; ceux que je présente aujourd'hui, peuvent être adaptés aux circonstances présentes & futures, & doivent assurer un ordre immuable dans toute l'étendue de la Monarchie.

Je puis invoquer à l'appui de ce que j'ai avancé dans mon Mémoire, relativement à mon zèle & à l'exactitude de ma conduite, le témoignage des Députés des Provinces où j'ai été employé.

Je puis citer aussi, pour preuve du reproche que j'ai fait aux sieurs Sevin & Merville, d'avoir reçu 30000 livres pour la place de Prévôt de l'île de Corse, où ils m'ont forcé d'aller, MM. Costes & Riol, &c., puisque c'est un de ces derniers qui a donné cette somme, sous l'espoir d'occuper ma place à la Rochelle, & qu'il occupe en effet.

Je terminerai cette addition par les points qui me sont relatifs. Jamais je n'ai donné ma démission, jamais je n'ai été destitué, & je n'ai jamais mérité de l'être (*voyez mon Mémoire, page 56, n°. 4*). Le Ministre, en me disant publiquement que je l'avois été, a donc été induit à erreur par la calomnie ; or, pour effacer l'impression qu'a dû faire contre moi une pareille objection de sa part, & me laver, aux yeux du Public, de la tache qu'elle a répandue sur mon honneur, je lui demande, à titre de justice, qu'il m'accorde provisoirement la Croix de S. Louis, qui m'est dûe depuis le 12 février dernier, en ne comptant que mes services de France. Si j'obtiens cette preuve d'équité de sa part, je dirai que son ame a été inaccessible aux artifices, aux mensonges de mes persécuteurs : & pour manifester davantage mon respect pour lui, cet Exemplaire manuscrit de mon Mémoire, dont je lui fais l'hommage, sera le seul qui verra le jour.

Pièces justificatives.

Versailles, ce 4 juin 1789.

MONSEIGNEUR,

VOTRE Secrétaire m'a dit vous avoir remis l'extrait de mon affaire. Vous devez y avoir vu qu'on a disposé de mon Emploi, sans que j'eusse donné ma démission;

Que j'ai vingt ans de service en France, à compter du 12 février dernier;

Qu'ayant la commission de Lieutenant-Colonel, j'ai le temps suffisant pour avoir la Croix de S. Louis.

Je ne doute pas, MONSEIGNEUR, qu'en exposant ces trois vérités au Roi, & en ajoutant que je n'ai cessé de travailler pour le bien de son service, depuis qu'on m'a enlevé mon Emploi, vous ne soyez autorisé par Sa Majesté à me décorer de la Croix que j'ai méritée.

J'oserai, MONSEIGNEUR, ajouter que vous devez d'autant plus insister sur cette justice, & me la faire rendre en votre nom, que c'est le seul moyen de réparer à mon égard le tort qu'a fait à mon honneur l'erreur qui vous est échappée à votre Audience publique, en me disant que je n'avois pas vingt-huit ans de service, lorsque j'avois été destitué. Un Gentilhomme qui a eu le malheur d'être victime d'une semblable erreur, a des droits à une protection particulière de la part d'un Ministre équitable.

Je suis, &c.

GAUTHIER.

Devois-je m'attendre, après avoir exposé si clairement la justice de mes demandes, & après les espérances que m'avoit données le Ministre depuis la remise que je lui avois faite de mon Mémoire, à la réponse définitive que l'on va lire ? J'ai peine encore, en la transcrivant, à en croire mes yeux, & à réprimer les mouvemens que j'éprouve.

Lettre de M. le Comte DE PUISÉGUR, *Secrétaire d'État de la Guerre, à M. Gauthier d'Auteville, datée de Versailles, le 9 juin 1789.*

NOTES.

J'ai lu avec attention, Monsieur, les lettres & Mémoires que vous m'avez présentés ou adressés ;

Ces comptes que M. le Maréchal de Ségur s'est fait rendre, étoient précisément ceux qu'il ne falloit pas lire, puisqu'ils sont l'ouvrage de j'ai voulu examiner moi-même les différens comptes que M. le Maréchal de Ségur s'est fait rendre, & ceux que ce Ministre a mis sous les yeux du Roi, lorsque Sa Majesté s'est déterminée à prononcer votre retraite.

mes ennemis & de mes persécuteurs.

Vous n'avez point été destitué; mais ayant, par votre lettre du premier novembre 1784, prié le Ministre de vous donner un Congé, ou de disposer de votre place, il a été accédé à ce dernier parti. Le Roi vous a accordé 1200 livres de retraite, & il a été nommé à votre Emploi.

Voilà une grande vérité; pourquoi donc m'avoir dit publiquement le contraire, & comment un Ministre équitable peut-il encore se fier à des subalternes, qui l'ont si indignement trompé? C'étoient eux qui lui avoient suggéré de me dire que le Conseil de la Guerre n'avoit fait aucun usage de mes plans pour la Maréchaussée, lorsque pour réponse je lui ai produit les lettres de ce Conseil, & d'autres, & qu'en conséquence il m'a repliqué que je serois récompensé.

Ce n'est point offrir sa démission à un Ministre, que de lui marquer qu'il est indispensable qu'il veuille bien accorder un Congé, pour qu'on lui rende compte des injustices & des abus nécessaires à réprimer; & que s'il refusoit cette demande, on ne pouvoit conserver sa place.

Il n'y a que la haine des Bureaux qui ait pu déterminer le Ministre à me ravir un Emploi que j'exerçois avec honneur, & à charger l'Etat d'une retraite de 1200 livres, tandis que je suis encore à la fleur de l'âge, & que je puis servir utilement dans mon poste, ou dans un autre semblable.

Vous avez présenté à cet égard des réclamations à M. le Maréchal de Ségur & à M. le Comte de Brienne: ils

Les réclamations que j'ai présentées à M. le Maréchal de Ségur & à M. le Comte de Brienne, ont été altérées, dénaturées par les premiers Commis, & elles le seront

(16)

n'ont pas jugé qu'elles pussent être mises sous les yeux de Sa Majesté. Mais après le compte que je me suis déterminé à lui rendre, le Roi a décidé que votre retraite étoit consommée depuis plus de quatre ans, & qu'il n'y avoit aucune possibilité de vous faire rentrer au service.

toujours, parce qu'ils m'ont voué une haine éternelle, pour avoir révélé leurs iniquités, & celles de leurs prédécesseurs.

Je ne croirai jamais que le Souverain le plus équitable ait pu décider *qu'il n'y avoit aucune possibilité de me faire rentrer au service*, sous le prétexte *que ma retraite est consommée*. Mes Mémoires sur le régime des Maréchaussées, qui ont servi de base au travail que l'on a fait depuis sur cette partie, prouvent que je suis susceptible d'être employé, & qu'il y auroit une grande injustice à trouver bon qu'un Officier travaillât pour la réforme du service, & à lui contester en même temps la faculté de coopérer en personne à l'exécution de ses projets.

Sa Majesté a également jugé que, lors de votre retraite, vous n'étiez pas susceptible de la Croix de S. Louis; & que n'étant plus au service, vous n'avez plus, suivant les réglemens, aucun droit d'y prétendre.

Sa Majesté ne vous a pas trouvé plus fondé dans les répétitions que vous faites des différentes sommes que vous prétendez vous être dûes en appointemens ou gratifications.

Je suis parfaitement, Monsieur, votre très-

Je ne peux pas croire, si on a exposé la vérité au Roi, que Sa Majesté ne m'ait pas trouvé fondé dans la demande que je fais de la Croix, & dans les répétitions que je fais des différentes sommes que je réclame pour appointemens & gratifications, puisque je me rappelle encore, avec reconnoissance, que Madame la Princesse de Chimay daigna

humble & très-obéissant Serviteur,

PUISÉGUR.

me dire que la Reine ayant bien voulu appuyer mes réclamations de son illustre recommandation, sous le Ministère de M. le Comte de Brienne, il lui avoit été répondu: *qu'à l'égard de la Croix de S. Louis, je n'avois pas le temps requis par l'Ordonnance ; mais que quant à mes demandes pécuniaires, elles étoient justes, & qu'on les convertiroit en augmentation de traitement.* Comment donc ce qui avoit été dit à la Reine être juste, par le Ministre du Roi, seroit-il aujourd'hui trouvé sans fondement ?

Dans ces circonstances, puisque je ne puis plus espérer que M. le Comte de Puiségur me rende la justice qu'il m'avoit promise, & que j'espérois de sa loyauté, il ne me reste plus qu'une ressource, c'est celle de m'adresser directement à Sa Majesté : & c'est ce que je me propose de faire, en mettant à ses pieds la supplique d'un Gentilhomme qui n'a pas de plus vif desir, que celui de répandre, pour son service, jusqu'à la derniere goutte de son sang, & d'obtenir la récompense honorable de son zèle.

GAUTHIER.

MÉMOIRE AU ROI.

SIRE,

J'AI, depuis quatre ans, employé toutes les follicitations & tous mes efforts, pour faire connoître à Votre Majesté les injustices dont je suis la victime.

Mes ennemis, toujours dirigés par le ressentiment, ont détourné la vérité, que je voulois faire parvenir jusqu'à vous.

Je l'ai exprimé dans un Mémoire fait dans les intentions les plus pures, & dont on a calomnié le titre. J'ose, SIRE, le remettre sous vos yeux, avec l'addition que j'ai cru devoir y faire.

J'ose supplier Votre Majesté d'en prendre lecture, ainsi que de ma lettre à M. *le Comte de Puiségur*, en date du 4 juin, & de sa réponse avec mes notes marginalles.

Si, d'après cette réponse, Votre Majesté confirme les refus que j'éprouve, j'irai dévorer ma douleur dans le fond de ma Province; je dirai, en gémissant: Je suis le seul de ses Sujets, envers lequel il ait cessé d'être bon & équitable : & je n'en resterai pas moins fidele & attaché à Votre Majesté.

www.ingramcontent.com/pod-product-compliance
Lightning Source LLC
Chambersburg PA
CBHW060620050426
42451CB00012B/2353